Copyright 2022 - All rights reserved.

You may not reproduce, duplicate or send the contents of this book without direct written permission from the author. You cannot apply hereby despite any circumstance blame the publisher or hold him or her to legal responsibility for any reparation, compensations, or monetary forfeiture owing to the information included herein, either in a direct or an indirect way.

Legal Notice: This book has copyright protection. You can use the book for personal purposes. You should not sell, use, alter, distribute, quote, take excerpts, or paraphrase in part or whole the material contained in this book without obtaining the permission of the author first.

Disclaimer Notice: You must take note that the information in this document is for casual reading and entertainment purposes only. We have made every attempt to provide accurate, up-to-date, and reliable information. We do not express or imply guarantees of any kind. The persons who read admit that the writer is not occupied in giving legal, financial, medical, or other advice. We put this book content by sourcing various places.

Please consult a licensed professional before you try any techniques shown in this book. By going through this document, the book lover comes to an an agreement that under no situation is the author accountable for any forfeiture, direct or indirect, which they may incur because of the use of material contained in this document, including, but not limited to, — errors, omissions, or inaccuracies.

Attendance Log Book for Teachers

Log Book Details:

Log Start Date: ....

Log Book Number: ....

Personal Details:

Name: ....

Address: ....

....

Email Address: ....

Mobile Number: ....

Work Address: ....

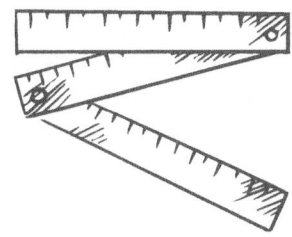

Beginning Period .... Ending Period ....

Month & Year:
Subject:
Section:

Assignments:

Week: | Week:

Day →
Date →

Student Names:	Notes:	M	T	W	T	F	M	T	W	T	F
1.											
2.											
3.											
4.											
5.											
6.											
7.											
8.											
9.											
10.											
11.											
12.											
13.											
14.											
15.											
16.											
17.											
18.											
19.											
20.											
21.											
22.											
23.											
24.											
25.											
26.											
27.											
28.											
29.											
30.											
31.											
32.											
33.											
34.											
35.											
36.											
37.											

Notes:

Beginning Period .... Ending Period ....

Month & Year:
Subject:
Section:

Assignments:

Week: | Week:

Student Names: | Notes: | Day → | M T W T F | M T W T F
Date →

1.
2.
3.
4.
5.
6.
7.
8.
9.
10.
11.
12.
13.
14.
15.
16.
17.
18.
19.
20.
21.
22.
23.
24.
25.
26.
27.
28.
29.
30.
31.
32.
33.
34.
35.
36.
37.

Notes:

Beginning Period .... Ending Period ....

Month & Year:		Assignments:	Week:					Week:				
Subject:												
Section:												
			Day →									
Student Names:	Notes:		Date →	M	T	W	T	F	M	T	W	T	F
1.													
2.													
3.													
4.													
5.													
6.													
7.													
8.													
9.													
10.													
11.													
12.													
13.													
14.													
15.													
16.													
17.													
18.													
19.													
20.													
21.													
22.													
23.													
24.													
25.													
26.													
27.													
28.													
29.													
30.													
31.													
32.													
33.													
34.													
35.													
36.													
37.													

Notes:

Beginning Period .... Ending Period ....

Month & Year:		Assignments:	Week:					Week:				
Subject:												
Section:												
			Day →									
Student Names:	Notes:		Date → M	T	W	T	F	M	T	W	T	F
1.												
2.												
3.												
4.												
5.												
6.												
7.												
8.												
9.												
10.												
11.												
12.												
13.												
14.												
15.												
16.												
17.												
18.												
19.												
20.												
21.												
22.												
23.												
24.												
25.												
26.												
27.												
28.												
29.												
30.												
31.												
32.												
33.												
34.												
35.												
36.												
37.												

Notes:

Beginning Period .... Ending Period ....

Month & Year:		Assignments:	Week:	Week:
Subject:				
Section:				

Student Names:	Notes:	Day / Date	M T W T F	M T W T F
1.				
2.				
3.				
4.				
5.				
6.				
7.				
8.				
9.				
10.				
11.				
12.				
13.				
14.				
15.				
16.				
17.				
18.				
19.				
20.				
21.				
22.				
23.				
24.				
25.				
26.				
27.				
28.				
29.				
30.				
31.				
32.				
33.				
34.				
35.				
36.				
37.				

Notes:

Beginning Period .... Ending Period ....

Month & Year:		Assignments:	Week:					Week:				
Subject:												
Section:												
			Day →	M	T	W	T	F	M	T	W	T	F
Student Names:	Notes:		Date →										
1.													
2.													
3.													
4.													
5.													
6.													
7.													
8.													
9.													
10.													
11.													
12.													
13.													
14.													
15.													
16.													
17.													
18.													
19.													
20.													
21.													
22.													
23.													
24.													
25.													
26.													
27.													
28.													
29.													
30.													
31.													
32.													
33.													
34.													
35.													
36.													
37.													

Notes:

Beginning Period .... Ending Period ....

Month & Year:		Assignments:	Week:	Week:
Subject:				
Section:				
		Day →	M T W T F	M T W T F
Student Names:	Notes:	Date →		
1.				
2.				
3.				
4.				
5.				
6.				
7.				
8.				
9.				
10.				
11.				
12.				
13.				
14.				
15.				
16.				
17.				
18.				
19.				
20.				
21.				
22.				
23.				
24.				
25.				
26.				
27.				
28.				
29.				
30.				
31.				
32.				
33.				
34.				
35.				
36.				
37.				

Notes:

Beginning Period .... Ending Period ....

Month & Year:		Assignments:	Week:					Week:				
Subject:												
Section:												
			Day →	M	T	W	T	F	M	T	W	T	F
Student Names:	Notes:		Date →										
1.													
2.													
3.													
4.													
5.													
6.													
7.													
8.													
9.													
10.													
11.													
12.													
13.													
14.													
15.													
16.													
17.													
18.													
19.													
20.													
21.													
22.													
23.													
24.													
25.													
26.													
27.													
28.													
29.													
30.													
31.													
32.													
33.													
34.													
35.													
36.													
37.													

Notes:

Beginning Period .... Ending Period ....

Month & Year:		Assignments:	Week:	Week:
Subject:				
Section:				
		Day → Date →	M T W T F	M T W T F
Student Names:	Notes:			
1.				
2.				
3.				
4.				
5.				
6.				
7.				
8.				
9.				
10.				
11.				
12.				
13.				
14.				
15.				
16.				
17.				
18.				
19.				
20.				
21.				
22.				
23.				
24.				
25.				
26.				
27.				
28.				
29.				
30.				
31.				
32.				
33.				
34.				
35.				
36.				
37.				

Notes:

Beginning Period .... Ending Period ....

Month & Year:		Assignments:	Week:	Week:
Subject:				
Section:				

Student Names:	Notes:	Day → Date →	M T W T F	M T W T F
1.				
2.				
3.				
4.				
5.				
6.				
7.				
8.				
9.				
10.				
11.				
12.				
13.				
14.				
15.				
16.				
17.				
18.				
19.				
20.				
21.				
22.				
23.				
24.				
25.				
26.				
27.				
28.				
29.				
30.				
31.				
32.				
33.				
34.				
35.				
36.				
37.				

Notes:

Beginning Period .... Ending Period ....

Month & Year:		Assignments:	Week:					Week:				
Subject:												
Section:												
			Day →									
Student Names:	Notes:		Date →	M	T	W	T	F	M	T	W	T	F
1.													
2.													
3.													
4.													
5.													
6.													
7.													
8.													
9.													
10.													
11.													
12.													
13.													
14.													
15.													
16.													
17.													
18.													
19.													
20.													
21.													
22.													
23.													
24.													
25.													
26.													
27.													
28.													
29.													
30.													
31.													
32.													
33.													
34.													
35.													
36.													
37.													

Notes:

Beginning Period .... Ending Period ....

Month & Year:		Assignments:	Week:					Week:				
Subject:												
Section:												
			M	T	W	T	F	M	T	W	T	F
Student Names:	Notes:	Day ↱ Date ↱										
1.												
2.												
3.												
4.												
5.												
6.												
7.												
8.												
9.												
10.												
11.												
12.												
13.												
14.												
15.												
16.												
17.												
18.												
19.												
20.												
21.												
22.												
23.												
24.												
25.												
26.												
27.												
28.												
29.												
30.												
31.												
32.												
33.												
34.												
35.												
36.												
37.												

Notes:

Beginning Period .... Ending Period ....

Month & Year:		Assignments:	Week:					Week:				
Subject:												
Section:												
			Day →	M	T	W	T	F	M	T	W	T	F
Student Names:	Notes:		Date →										
1.													
2.													
3.													
4.													
5.													
6.													
7.													
8.													
9.													
10.													
11.													
12.													
13.													
14.													
15.													
16.													
17.													
18.													
19.													
20.													
21.													
22.													
23.													
24.													
25.													
26.													
27.													
28.													
29.													
30.													
31.													
32.													
33.													
34.													
35.													
36.													
37.													

Notes:

Beginning Period .... Ending Period ....

Month & Year:
Subject:
Section:

Assignments:

Week:					Week:				
M	T	W	T	F	M	T	W	T	F

Student Names: Notes: Day → Date →

1.
2.
3.
4.
5.
6.
7.
8.
9.
10.
11.
12.
13.
14.
15.
16.
17.
18.
19.
20.
21.
22.
23.
24.
25.
26.
27.
28.
29.
30.
31.
32.
33.
34.
35.
36.
37.

Notes:

Beginning Period .... Ending Period ....

Month & Year:		Assignments:	Week:	Week:
Subject:				
Section:				

Day → / Date →

Student Names:	Notes:	M T W T F	M T W T F
1.			
2.			
3.			
4.			
5.			
6.			
7.			
8.			
9.			
10.			
11.			
12.			
13.			
14.			
15.			
16.			
17.			
18.			
19.			
20.			
21.			
22.			
23.			
24.			
25.			
26.			
27.			
28.			
29.			
30.			
31.			
32.			
33.			
34.			
35.			
36.			
37.			

Notes:

Beginning Period .... Ending Period ....

Month & Year:		Assignments:	Week:					Week:				
Subject:												
Section:												
			Day →	M	T	W	T	F	M	T	W	T	F
Student Names:	Notes:		Date →										
1.													
2.													
3.													
4.													
5.													
6.													
7.													
8.													
9.													
10.													
11.													
12.													
13.													
14.													
15.													
16.													
17.													
18.													
19.													
20.													
21.													
22.													
23.													
24.													
25.													
26.													
27.													
28.													
29.													
30.													
31.													
32.													
33.													
34.													
35.													
36.													
37.													

Notes:

Beginning Period .... Ending Period ....

Month & Year:			Assignments:	Week:					Week:				
Subject:													
Section:													
		Day → Date →		M	T	W	T	F	M	T	W	T	F
Student Names:	Notes:												
1.													
2.													
3.													
4.													
5.													
6.													
7.													
8.													
9.													
10.													
11.													
12.													
13.													
14.													
15.													
16.													
17.													
18.													
19.													
20.													
21.													
22.													
23.													
24.													
25.													
26.													
27.													
28.													
29.													
30.													
31.													
32.													
33.													
34.													
35.													
36.													
37.													

Notes:

Beginning Period .... Ending Period ....

Month & Year:		Assignments:	Week:	Week:
Subject:				
Section:				

Student Names:	Notes:	Day / Date	M T W T F	M T W T F
1.				
2.				
3.				
4.				
5.				
6.				
7.				
8.				
9.				
10.				
11.				
12.				
13.				
14.				
15.				
16.				
17.				
18.				
19.				
20.				
21.				
22.				
23.				
24.				
25.				
26.				
27.				
28.				
29.				
30.				
31.				
32.				
33.				
34.				
35.				
36.				
37.				

Notes:

Beginning Period .... Ending Period ....

Month & Year:		Assignments:	Week:					Week:				
Subject:												
Section:												
			Day →									
Student Names:	Notes:		Date → M	T	W	T	F	M	T	W	T	F
1.												
2.												
3.												
4.												
5.												
6.												
7.												
8.												
9.												
10.												
11.												
12.												
13.												
14.												
15.												
16.												
17.												
18.												
19.												
20.												
21.												
22.												
23.												
24.												
25.												
26.												
27.												
28.												
29.												
30.												
31.												
32.												
33.												
34.												
35.												
36.												
37.												

Notes:

Beginning Period .... Ending Period ....

Month & Year:		Assignments:	Week:					Week:				
Subject:												
Section:												
			Day →									
Student Names:	Notes:		Date →	M	T	W	T	F	M	T	W	T	F
1.													
2.													
3.													
4.													
5.													
6.													
7.													
8.													
9.													
10.													
11.													
12.													
13.													
14.													
15.													
16.													
17.													
18.													
19.													
20.													
21.													
22.													
23.													
24.													
25.													
26.													
27.													
28.													
29.													
30.													
31.													
32.													
33.													
34.													
35.													
36.													
37.													

Notes:

Beginning Period .... Ending Period ....

Month & Year:		Assignments:	Week:					Week:				
Subject:												
Section:												
			M	T	W	T	F	M	T	W	T	F
Student Names:	Notes:	Day ↗ Date ↗										
1.												
2.												
3.												
4.												
5.												
6.												
7.												
8.												
9.												
10.												
11.												
12.												
13.												
14.												
15.												
16.												
17.												
18.												
19.												
20.												
21.												
22.												
23.												
24.												
25.												
26.												
27.												
28.												
29.												
30.												
31.												
32.												
33.												
34.												
35.												
36.												
37.												

Notes:

Beginning Period .... Ending Period ....

Month & Year:		Assignments:	Week:					Week:				
Subject:												
Section:												
			Day →	M	T	W	T	F	M	T	W	T	F
Student Names:	Notes:		Date →										
1.													
2.													
3.													
4.													
5.													
6.													
7.													
8.													
9.													
10.													
11.													
12.													
13.													
14.													
15.													
16.													
17.													
18.													
19.													
20.													
21.													
22.													
23.													
24.													
25.													
26.													
27.													
28.													
29.													
30.													
31.													
32.													
33.													
34.													
35.													
36.													
37.													

Notes:

Beginning Period .... Ending Period ....

Month & Year:
Subject:
Section:

Assignments:

Week: Week:

Student Names: Notes: Day →   M T W T F   M T W T F
                              Date →

1.
2.
3.
4.
5.
6.
7.
8.
9.
10.
11.
12.
13.
14.
15.
16.
17.
18.
19.
20.
21.
22.
23.
24.
25.
26.
27.
28.
29.
30.
31.
32.
33.
34.
35.
36.
37.

Notes:

Beginning Period .... Ending Period ....

Month & Year:
Subject:
Section:

Assignments:

Week: Week:

Day →
Date →

Student Names:	Notes:	M	T	W	T	F	M	T	W	T	F
1.											
2.											
3.											
4.											
5.											
6.											
7.											
8.											
9.											
10.											
11.											
12.											
13.											
14.											
15.											
16.											
17.											
18.											
19.											
20.											
21.											
22.											
23.											
24.											
25.											
26.											
27.											
28.											
29.											
30.											
31.											
32.											
33.											
34.											
35.											
36.											
37.											

Notes:

Beginning Period .... Ending Period ....

Month & Year:		Assignments:	Week:	Week:
Subject:				
Section:				

Student Names:	Notes:	Day / Date	M T W T F	M T W T F
1.				
2.				
3.				
4.				
5.				
6.				
7.				
8.				
9.				
10.				
11.				
12.				
13.				
14.				
15.				
16.				
17.				
18.				
19.				
20.				
21.				
22.				
23.				
24.				
25.				
26.				
27.				
28.				
29.				
30.				
31.				
32.				
33.				
34.				
35.				
36.				
37.				

Notes:

Beginning Period .... Ending Period ....

Month & Year:		Assignments:	Week:					Week:				
Subject:												
Section:												
			Day →	M	T	W	T	F	M	T	W	T	F
Student Names:	Notes:		Date →										
1.													
2.													
3.													
4.													
5.													
6.													
7.													
8.													
9.													
10.													
11.													
12.													
13.													
14.													
15.													
16.													
17.													
18.													
19.													
20.													
21.													
22.													
23.													
24.													
25.													
26.													
27.													
28.													
29.													
30.													
31.													
32.													
33.													
34.													
35.													
36.													
37.													

Notes:

Beginning Period .... Ending Period ....

Month & Year:
Subject:
Section:

Assignments:

Week: Week:

Day →
Date →

Student Names:	Notes:	M	T	W	T	F	M	T	W	T	F
1.											
2.											
3.											
4.											
5.											
6.											
7.											
8.											
9.											
10.											
11.											
12.											
13.											
14.											
15.											
16.											
17.											
18.											
19.											
20.											
21.											
22.											
23.											
24.											
25.											
26.											
27.											
28.											
29.											
30.											
31.											
32.											
33.											
34.											
35.											
36.											
37.											

Notes:

Beginning Period .... Ending Period ....

Month & Year:		Assignments:	Week:					Week:				
Subject:												
Section:												
			Day →	M	T	W	T	F	M	T	W	T	F
Student Names:	Notes:		Date →										
1.													
2.													
3.													
4.													
5.													
6.													
7.													
8.													
9.													
10.													
11.													
12.													
13.													
14.													
15.													
16.													
17.													
18.													
19.													
20.													
21.													
22.													
23.													
24.													
25.													
26.													
27.													
28.													
29.													
30.													
31.													
32.													
33.													
34.													
35.													
36.													
37.													

Notes:

Beginning Period .... Ending Period ....

Month & Year:		Assignments:	Week:					Week:				
Subject:												
Section:												
			Day →	M	T	W	T	F	M	T	W	T	F
Student Names:	Notes:		Date →										
1.													
2.													
3.													
4.													
5.													
6.													
7.													
8.													
9.													
10.													
11.													
12.													
13.													
14.													
15.													
16.													
17.													
18.													
19.													
20.													
21.													
22.													
23.													
24.													
25.													
26.													
27.													
28.													
29.													
30.													
31.													
32.													
33.													
34.													
35.													
36.													
37.													

Notes:

Beginning Period .... Ending Period ....

Month & Year:		Assignments:	Week:	Week:
Subject:				
Section:				

Student Names:	Notes:	Day / Date	M T W T F	M T W T F
1.				
2.				
3.				
4.				
5.				
6.				
7.				
8.				
9.				
10.				
11.				
12.				
13.				
14.				
15.				
16.				
17.				
18.				
19.				
20.				
21.				
22.				
23.				
24.				
25.				
26.				
27.				
28.				
29.				
30.				
31.				
32.				
33.				
34.				
35.				
36.				
37.				

Notes:

Beginning Period .... Ending Period ....

Month & Year:		Assignments:	Week:					Week:				
Subject:												
Section:												
			Day →									
Student Names:	Notes:		Date →	M	T	W	T	F	M	T	W	T	F
1.												
2.												
3.												
4.												
5.												
6.												
7.												
8.												
9.												
10.												
11.												
12.												
13.												
14.												
15.												
16.												
17.												
18.												
19.												
20.												
21.												
22.												
23.												
24.												
25.												
26.												
27.												
28.												
29.												
30.												
31.												
32.												
33.												
34.												
35.												
36.												
37.												

Notes:

Beginning Period .... Ending Period ....

Month & Year:		Assignments:	Week:					Week:				
Subject:												
Section:			Day →									
Student Names:	Notes:		Date → M	T	W	T	F	M	T	W	T	F
1.												
2.												
3.												
4.												
5.												
6.												
7.												
8.												
9.												
10.												
11.												
12.												
13.												
14.												
15.												
16.												
17.												
18.												
19.												
20.												
21.												
22.												
23.												
24.												
25.												
26.												
27.												
28.												
29.												
30.												
31.												
32.												
33.												
34.												
35.												
36.												
37.												

Notes:

Beginning Period .... Ending Period ....

Month & Year:		Assignments:	Week:					Week:				
Subject:												
Section:												
Student Names:	Notes:	Day → Date →	M	T	W	T	F	M	T	W	T	F
1.												
2.												
3.												
4.												
5.												
6.												
7.												
8.												
9.												
10.												
11.												
12.												
13.												
14.												
15.												
16.												
17.												
18.												
19.												
20.												
21.												
22.												
23.												
24.												
25.												
26.												
27.												
28.												
29.												
30.												
31.												
32.												
33.												
34.												
35.												
36.												
37.												

Notes:

Beginning Period .... Ending Period ....

Month & Year:		Assignments:	Week:					Week:				
Subject:												
Section:												
Student Names:	Notes:	Day / Date	M	T	W	T	F	M	T	W	T	F
1.												
2.												
3.												
4.												
5.												
6.												
7.												
8.												
9.												
10.												
11.												
12.												
13.												
14.												
15.												
16.												
17.												
18.												
19.												
20.												
21.												
22.												
23.												
24.												
25.												
26.												
27.												
28.												
29.												
30.												
31.												
32.												
33.												
34.												
35.												
36.												
37.												

Notes:

Beginning Period .... Ending Period ....

Month & Year:		Assignments:	Week:					Week:				
Subject:												
Section:												
			Day →	M	T	W	T	F	M	T	W	T	F
Student Names:	Notes:		Date →										
1.													
2.													
3.													
4.													
5.													
6.													
7.													
8.													
9.													
10.													
11.													
12.													
13.													
14.													
15.													
16.													
17.													
18.													
19.													
20.													
21.													
22.													
23.													
24.													
25.													
26.													
27.													
28.													
29.													
30.													
31.													
32.													
33.													
34.													
35.													
36.													
37.													

Notes:

Beginning Period .... Ending Period ....

Month & Year:		Assignments:	Week:					Week:				
Subject:												
Section:												
			Day ➚	M	T	W	T	F	M	T	W	T	F
Student Names:	Notes:		Date ➚										
1.													
2.													
3.													
4.													
5.													
6.													
7.													
8.													
9.													
10.													
11.													
12.													
13.													
14.													
15.													
16.													
17.													
18.													
19.													
20.													
21.													
22.													
23.													
24.													
25.													
26.													
27.													
28.													
29.													
30.													
31.													
32.													
33.													
34.													
35.													
36.													
37.													

Notes:

Beginning Period .... Ending Period ....

Month & Year:		Assignments:	Week:					Week:				
Subject:												
Section:												
			Day →									
Student Names:	Notes:		Date → M	T	W	T	F	M	T	W	T	F
1.												
2.												
3.												
4.												
5.												
6.												
7.												
8.												
9.												
10.												
11.												
12.												
13.												
14.												
15.												
16.												
17.												
18.												
19.												
20.												
21.												
22.												
23.												
24.												
25.												
26.												
27.												
28.												
29.												
30.												
31.												
32.												
33.												
34.												
35.												
36.												
37.												

Notes:

Beginning Period .... Ending Period ....

Month & Year:		Assignments:	Week:					Week:				
Subject:												
Section:												
			Day →	M	T	W	T	F	M	T	W	T	F
Student Names:	Notes:		Date →										
1.													
2.													
3.													
4.													
5.													
6.													
7.													
8.													
9.													
10.													
11.													
12.													
13.													
14.													
15.													
16.													
17.													
18.													
19.													
20.													
21.													
22.													
23.													
24.													
25.													
26.													
27.													
28.													
29.													
30.													
31.													
32.													
33.													
34.													
35.													
36.													
37.													

Notes:

Beginning Period .... Ending Period ....

Month & Year:		Assignments:	Week:	Week:
Subject:				
Section:				

Student Names:	Notes:	Day / Date	M T W T F	M T W T F
1.				
2.				
3.				
4.				
5.				
6.				
7.				
8.				
9.				
10.				
11.				
12.				
13.				
14.				
15.				
16.				
17.				
18.				
19.				
20.				
21.				
22.				
23.				
24.				
25.				
26.				
27.				
28.				
29.				
30.				
31.				
32.				
33.				
34.				
35.				
36.				
37.				

Notes:

Beginning Period .... Ending Period ....

Month & Year:		Assignments:	Week:					Week:				
Subject:												
Section:												
			Day →									
Student Names:	Notes:		Date →	M	T	W	T	F	M	T	W	T	F
1.												
2.												
3.												
4.												
5.												
6.												
7.												
8.												
9.												
10.												
11.												
12.												
13.												
14.												
15.												
16.												
17.												
18.												
19.												
20.												
21.												
22.												
23.												
24.												
25.												
26.												
27.												
28.												
29.												
30.												
31.												
32.												
33.												
34.												
35.												
36.												
37.												

Notes:

Beginning Period .... Ending Period ....

Month & Year:		Assignments:	Week:	Week:
Subject:				
Section:				

Student Names:	Notes:	Day → Date →	M T W T F	M T W T F
1.				
2.				
3.				
4.				
5.				
6.				
7.				
8.				
9.				
10.				
11.				
12.				
13.				
14.				
15.				
16.				
17.				
18.				
19.				
20.				
21.				
22.				
23.				
24.				
25.				
26.				
27.				
28.				
29.				
30.				
31.				
32.				
33.				
34.				
35.				
36.				
37.				

Notes:

Beginning Period .... Ending Period ....

Month & Year:		Assignments:	Week:					Week:				
Subject:												
Section:												
Student Names:	Notes:	Day ↗ Date ↗	M	T	W	T	F	M	T	W	T	F
1.												
2.												
3.												
4.												
5.												
6.												
7.												
8.												
9.												
10.												
11.												
12.												
13.												
14.												
15.												
16.												
17.												
18.												
19.												
20.												
21.												
22.												
23.												
24.												
25.												
26.												
27.												
28.												
29.												
30.												
31.												
32.												
33.												
34.												
35.												
36.												
37.												

Notes:

Beginning Period .... Ending Period ....

Month & Year:
Subject:
Section:

Assignments:

Week:

Week:

Student Names: | Notes: | Day | Date | M T W T F | M T W T F

1.
2.
3.
4.
5.
6.
7.
8.
9.
10.
11.
12.
13.
14.
15.
16.
17.
18.
19.
20.
21.
22.
23.
24.
25.
26.
27.
28.
29.
30.
31.
32.
33.
34.
35.
36.
37.

Notes:

Beginning Period .... Ending Period ....

Month & Year:		Assignments:	Week:	Week:
Subject:				
Section:				

Student Names:	Notes:	Day →	M T W T F	M T W T F
		Date →		
1.				
2.				
3.				
4.				
5.				
6.				
7.				
8.				
9.				
10.				
11.				
12.				
13.				
14.				
15.				
16.				
17.				
18.				
19.				
20.				
21.				
22.				
23.				
24.				
25.				
26.				
27.				
28.				
29.				
30.				
31.				
32.				
33.				
34.				
35.				
36.				
37.				

Notes:

Beginning Period .... Ending Period ....

Month & Year:
Subject:
Section:

Assignments:

Week: | Week:

Student Names: | Notes: | Day → | M T W T F | M T W T F
Date →

1.
2.
3.
4.
5.
6.
7.
8.
9.
10.
11.
12.
13.
14.
15.
16.
17.
18.
19.
20.
21.
22.
23.
24.
25.
26.
27.
28.
29.
30.
31.
32.
33.
34.
35.
36.
37.

Notes:

Beginning Period .... Ending Period ....

Month & Year:		Assignments:	Week:					Week:				
Subject:												
Section:												
Student Names:	Notes:	Day → Date →	M	T	W	T	F	M	T	W	T	F
1.												
2.												
3.												
4.												
5.												
6.												
7.												
8.												
9.												
10.												
11.												
12.												
13.												
14.												
15.												
16.												
17.												
18.												
19.												
20.												
21.												
22.												
23.												
24.												
25.												
26.												
27.												
28.												
29.												
30.												
31.												
32.												
33.												
34.												
35.												
36.												
37.												

Notes:

Beginning Period .... Ending Period ....

Month & Year:		Assignments:	Week:					Week:				
Subject:												
Section:												
			Day →									
Student Names:	Notes:		Date →	M	T	W	T	F	M	T	W	T	F
1.												
2.												
3.												
4.												
5.												
6.												
7.												
8.												
9.												
10.												
11.												
12.												
13.												
14.												
15.												
16.												
17.												
18.												
19.												
20.												
21.												
22.												
23.												
24.												
25.												
26.												
27.												
28.												
29.												
30.												
31.												
32.												
33.												
34.												
35.												
36.												
37.												

Notes:

Beginning Period .... Ending Period ....

Month & Year:		Assignments:	Week:					Week:				
Subject:												
Section:												
			Day ↗ Date ↗	M	T	W	T	F	M	T	W	T	F

Student Names:	Notes:											
1.												
2.												
3.												
4.												
5.												
6.												
7.												
8.												
9.												
10.												
11.												
12.												
13.												
14.												
15.												
16.												
17.												
18.												
19.												
20.												
21.												
22.												
23.												
24.												
25.												
26.												
27.												
28.												
29.												
30.												
31.												
32.												
33.												
34.												
35.												
36.												
37.												

Notes:

Beginning Period .... Ending Period ....

Month & Year:		Assignments:	Week:	Week:
Subject:				
Section:				

Student Names:	Notes:	Day / Date	M T W T F	M T W T F
1.				
2.				
3.				
4.				
5.				
6.				
7.				
8.				
9.				
10.				
11.				
12.				
13.				
14.				
15.				
16.				
17.				
18.				
19.				
20.				
21.				
22.				
23.				
24.				
25.				
26.				
27.				
28.				
29.				
30.				
31.				
32.				
33.				
34.				
35.				
36.				
37.				

Notes:

Beginning Period .... Ending Period ....

Month & Year:		Assignments:	Week:					Week:				
Subject:												
Section:												
Student Names:	Notes:	Day / Date	M	T	W	T	F	M	T	W	T	F
1.												
2.												
3.												
4.												
5.												
6.												
7.												
8.												
9.												
10.												
11.												
12.												
13.												
14.												
15.												
16.												
17.												
18.												
19.												
20.												
21.												
22.												
23.												
24.												
25.												
26.												
27.												
28.												
29.												
30.												
31.												
32.												
33.												
34.												
35.												
36.												
37.												

Notes:

Beginning Period .... Ending Period ....

Month & Year:		Assignments:	Week:	Week:
Subject:				
Section:				

Student Names:	Notes:	Day / Date	M T W T F	M T W T F
1.				
2.				
3.				
4.				
5.				
6.				
7.				
8.				
9.				
10.				
11.				
12.				
13.				
14.				
15.				
16.				
17.				
18.				
19.				
20.				
21.				
22.				
23.				
24.				
25.				
26.				
27.				
28.				
29.				
30.				
31.				
32.				
33.				
34.				
35.				
36.				
37.				

Notes:

Beginning Period .... Ending Period ....

Month & Year:		Assignments:	Week:					Week:				
Subject:												
Section:												
			Day →	M	T	W	T	F	M	T	W	T	F
Student Names:	Notes:		Date →										
1.													
2.													
3.													
4.													
5.													
6.													
7.													
8.													
9.													
10.													
11.													
12.													
13.													
14.													
15.													
16.													
17.													
18.													
19.													
20.													
21.													
22.													
23.													
24.													
25.													
26.													
27.													
28.													
29.													
30.													
31.													
32.													
33.													
34.													
35.													
36.													
37.													

Notes:

Beginning Period .... Ending Period ....

Month & Year:
Subject:
Section:

Assignments:

Week: | Week:

Day →
Date →

Student Names:	Notes:	M	T	W	T	F	M	T	W	T	F
1.											
2.											
3.											
4.											
5.											
6.											
7.											
8.											
9.											
10.											
11.											
12.											
13.											
14.											
15.											
16.											
17.											
18.											
19.											
20.											
21.											
22.											
23.											
24.											
25.											
26.											
27.											
28.											
29.											
30.											
31.											
32.											
33.											
34.											
35.											
36.											
37.											

Notes:

Beginning Period .... Ending Period ....

Month & Year:		Assignments:	Week:					Week:				
Subject:												
Section:												
			Day →									
Student Names:	Notes:		Date →									
			M	T	W	T	F	M	T	W	T	F
1.												
2.												
3.												
4.												
5.												
6.												
7.												
8.												
9.												
10.												
11.												
12.												
13.												
14.												
15.												
16.												
17.												
18.												
19.												
20.												
21.												
22.												
23.												
24.												
25.												
26.												
27.												
28.												
29.												
30.												
31.												
32.												
33.												
34.												
35.												
36.												
37.												

Notes:

Beginning Period .... Ending Period ....

Month & Year:		Assignments:	Week:	Week:
Subject:				
Section:				

Student Names:	Notes:	Day / Date	M T W T F	M T W T F
1.				
2.				
3.				
4.				
5.				
6.				
7.				
8.				
9.				
10.				
11.				
12.				
13.				
14.				
15.				
16.				
17.				
18.				
19.				
20.				
21.				
22.				
23.				
24.				
25.				
26.				
27.				
28.				
29.				
30.				
31.				
32.				
33.				
34.				
35.				
36.				
37.				

Notes:

Beginning Period .... Ending Period ....

Month & Year:			Assignments:	Week:					Week:				
Subject:													
Section:													
		Day →		M	T	W	T	F	M	T	W	T	F
Student Names:	Notes:	Date →											
1.													
2.													
3.													
4.													
5.													
6.													
7.													
8.													
9.													
10.													
11.													
12.													
13.													
14.													
15.													
16.													
17.													
18.													
19.													
20.													
21.													
22.													
23.													
24.													
25.													
26.													
27.													
28.													
29.													
30.													
31.													
32.													
33.													
34.													
35.													
36.													
37.													

Notes:

Beginning Period .... Ending Period ....

Month & Year:		Assignments:	Week:	Week:
Subject:				
Section:				

Student Names:	Notes:	Day / Date	M T W T F	M T W T F
1.				
2.				
3.				
4.				
5.				
6.				
7.				
8.				
9.				
10.				
11.				
12.				
13.				
14.				
15.				
16.				
17.				
18.				
19.				
20.				
21.				
22.				
23.				
24.				
25.				
26.				
27.				
28.				
29.				
30.				
31.				
32.				
33.				
34.				
35.				
36.				
37.				

Notes:

Beginning Period .... Ending Period ....

Month & Year:		Assignments:	Week:					Week:				
Subject:												
Section:												
			Day →									
Student Names:	Notes:		Date →	M	T	W	T	F	M	T	W	T	F
1.												
2.												
3.												
4.												
5.												
6.												
7.												
8.												
9.												
10.												
11.												
12.												
13.												
14.												
15.												
16.												
17.												
18.												
19.												
20.												
21.												
22.												
23.												
24.												
25.												
26.												
27.												
28.												
29.												
30.												
31.												
32.												
33.												
34.												
35.												
36.												
37.												

Notes:

Beginning Period .... Ending Period ....

Month & Year:		Assignments:	Week:					Week:				
Subject:												
Section:												
		Day → Date →	M	T	W	T	F	M	T	W	T	F
Student Names:	Notes:											
1.												
2.												
3.												
4.												
5.												
6.												
7.												
8.												
9.												
10.												
11.												
12.												
13.												
14.												
15.												
16.												
17.												
18.												
19.												
20.												
21.												
22.												
23.												
24.												
25.												
26.												
27.												
28.												
29.												
30.												
31.												
32.												
33.												
34.												
35.												
36.												
37.												

Notes:

Beginning Period .... Ending Period ....

Month & Year:		Assignments:	Week:					Week:				
Subject:												
Section:												
			Day ↗	M	T	W	T	F	M	T	W	T	F
Student Names:	Notes:		Date ↗										
1.													
2.													
3.													
4.													
5.													
6.													
7.													
8.													
9.													
10.													
11.													
12.													
13.													
14.													
15.													
16.													
17.													
18.													
19.													
20.													
21.													
22.													
23.													
24.													
25.													
26.													
27.													
28.													
29.													
30.													
31.													
32.													
33.													
34.													
35.													
36.													
37.													

Notes:

Beginning Period .... Ending Period ....

Month & Year:
Subject:
Section:

Assignments:

Week: Week:

Day / Date   M T W T F   M T W T F

Student Names: | Notes:

1.
2.
3.
4.
5.
6.
7.
8.
9.
10.
11.
12.
13.
14.
15.
16.
17.
18.
19.
20.
21.
22.
23.
24.
25.
26.
27.
28.
29.
30.
31.
32.
33.
34.
35.
36.
37.

Notes:

Beginning Period .... Ending Period ....

Month & Year:		Assignments:	Week:					Week:				
Subject:												
Section:												
			M	T	W	T	F	M	T	W	T	F
Student Names:	Notes:	Day / Date										
1.												
2.												
3.												
4.												
5.												
6.												
7.												
8.												
9.												
10.												
11.												
12.												
13.												
14.												
15.												
16.												
17.												
18.												
19.												
20.												
21.												
22.												
23.												
24.												
25.												
26.												
27.												
28.												
29.												
30.												
31.												
32.												
33.												
34.												
35.												
36.												
37.												

Notes:

Beginning Period .... Ending Period ....

Month & Year:		Assignments:	Week:					Week:				
Subject:												
Section:												
			Day →	M	T	W	T	F	M	T	W	T	F
Student Names:	Notes:		Date →										
1.													
2.													
3.													
4.													
5.													
6.													
7.													
8.													
9.													
10.													
11.													
12.													
13.													
14.													
15.													
16.													
17.													
18.													
19.													
20.													
21.													
22.													
23.													
24.													
25.													
26.													
27.													
28.													
29.													
30.													
31.													
32.													
33.													
34.													
35.													
36.													
37.													

Notes:

Beginning Period .... Ending Period ....

Month & Year:		Assignments:	Week:					Week:				
Subject:												
Section:												
			Day →	M	T	W	T	F	M	T	W	T	F
Student Names:	Notes:		Date →										
1.													
2.													
3.													
4.													
5.													
6.													
7.													
8.													
9.													
10.													
11.													
12.													
13.													
14.													
15.													
16.													
17.													
18.													
19.													
20.													
21.													
22.													
23.													
24.													
25.													
26.													
27.													
28.													
29.													
30.													
31.													
32.													
33.													
34.													
35.													
36.													
37.													

Notes:

Beginning Period .... Ending Period ....

Month & Year:		Assignments:	Week:	Week:
Subject:				
Section:				

Student Names:	Notes:	Day / Date	M T W T F	M T W T F
1.				
2.				
3.				
4.				
5.				
6.				
7.				
8.				
9.				
10.				
11.				
12.				
13.				
14.				
15.				
16.				
17.				
18.				
19.				
20.				
21.				
22.				
23.				
24.				
25.				
26.				
27.				
28.				
29.				
30.				
31.				
32.				
33.				
34.				
35.				
36.				
37.				

Notes:

Beginning Period .... Ending Period ....

Month & Year:		Assignments:	Week:					Week:				
Subject:												
Section:												
			Day ↗									
Student Names:	Notes:		Date ↗	M	T	W	T	F	M	T	W	T	F
1.													
2.													
3.													
4.													
5.													
6.													
7.													
8.													
9.													
10.													
11.													
12.													
13.													
14.													
15.													
16.													
17.													
18.													
19.													
20.													
21.													
22.													
23.													
24.													
25.													
26.													
27.													
28.													
29.													
30.													
31.													
32.													
33.													
34.													
35.													
36.													
37.													

Notes:

Beginning Period .... Ending Period ....

Month & Year:		Assignments:	Week:	Week:
Subject:				
Section:				

Student Names:	Notes:	Day / Date	M T W T F	M T W T F
1.				
2.				
3.				
4.				
5.				
6.				
7.				
8.				
9.				
10.				
11.				
12.				
13.				
14.				
15.				
16.				
17.				
18.				
19.				
20.				
21.				
22.				
23.				
24.				
25.				
26.				
27.				
28.				
29.				
30.				
31.				
32.				
33.				
34.				
35.				
36.				
37.				

Notes:

Beginning Period .... Ending Period ....

Month & Year:		Assignments:	Week:					Week:				
Subject:												
Section:												
			Day →	M	T	W	T	F	M	T	W	T	F
Student Names:	Notes:		Date →										
1.													
2.													
3.													
4.													
5.													
6.													
7.													
8.													
9.													
10.													
11.													
12.													
13.													
14.													
15.													
16.													
17.													
18.													
19.													
20.													
21.													
22.													
23.													
24.													
25.													
26.													
27.													
28.													
29.													
30.													
31.													
32.													
33.													
34.													
35.													
36.													
37.													

Notes:

Beginning Period .... Ending Period ....

Month & Year:		Assignments:	Week:	Week:
Subject:				
Section:				

Student Names:	Notes:	Day → Date →	M T W T F	M T W T F
1.				
2.				
3.				
4.				
5.				
6.				
7.				
8.				
9.				
10.				
11.				
12.				
13.				
14.				
15.				
16.				
17.				
18.				
19.				
20.				
21.				
22.				
23.				
24.				
25.				
26.				
27.				
28.				
29.				
30.				
31.				
32.				
33.				
34.				
35.				
36.				
37.				

Notes:

Beginning Period .... Ending Period ....

Month & Year:		Assignments:	Week:					Week:				
Subject:												
Section:												
Student Names:	Notes:	Day → Date →	M	T	W	T	F	M	T	W	T	F
1.												
2.												
3.												
4.												
5.												
6.												
7.												
8.												
9.												
10.												
11.												
12.												
13.												
14.												
15.												
16.												
17.												
18.												
19.												
20.												
21.												
22.												
23.												
24.												
25.												
26.												
27.												
28.												
29.												
30.												
31.												
32.												
33.												
34.												
35.												
36.												
37.												

Notes:

Beginning Period .... Ending Period ....

Month & Year:
Subject:
Section:

Assignments:

Week: Week:

Student Names:	Notes:	Day ↗ Date ↗	M T W T F	M T W T F
1.			
2.			
3.			
4.			
5.			
6.			
7.			
8.			
9.			
10.			
11.			
12.			
13.			
14.			
15.			
16.			
17.			
18.			
19.			
20.			
21.			
22.			
23.			
24.			
25.			
26.			
27.			
28.			
29.			
30.			
31.			
32.			
33.			
34.			
35.			
36.			
37.			

Notes:

Beginning Period .... Ending Period ....

Month & Year:
Subject:
Section:

Assignments:

Week: Week:

Day ↗
Date ↗

Student Names:	Notes:	M	T	W	T	F	M	T	W	T	F
1.											
2.											
3.											
4.											
5.											
6.											
7.											
8.											
9.											
10.											
11.											
12.											
13.											
14.											
15.											
16.											
17.											
18.											
19.											
20.											
21.											
22.											
23.											
24.											
25.											
26.											
27.											
28.											
29.											
30.											
31.											
32.											
33.											
34.											
35.											
36.											
37.											

Notes:

Beginning Period .... Ending Period ....

Month & Year:		Assignments:	Week:					Week:				
Subject:												
Section:												
			M	T	W	T	F	M	T	W	T	F
Student Names:	Notes:	Day ↴ Date ↴										
1.												
2.												
3.												
4.												
5.												
6.												
7.												
8.												
9.												
10.												
11.												
12.												
13.												
14.												
15.												
16.												
17.												
18.												
19.												
20.												
21.												
22.												
23.												
24.												
25.												
26.												
27.												
28.												
29.												
30.												
31.												
32.												
33.												
34.												
35.												
36.												
37.												

Notes:

Beginning Period .... Ending Period ....

Month & Year:		Assignments:	Week:					Week:				
Subject:												
Section:												
			Day →	M	T	W	T	F	M	T	W	T	F
Student Names:	Notes:		Date →										
1.													
2.													
3.													
4.													
5.													
6.													
7.													
8.													
9.													
10.													
11.													
12.													
13.													
14.													
15.													
16.													
17.													
18.													
19.													
20.													
21.													
22.													
23.													
24.													
25.													
26.													
27.													
28.													
29.													
30.													
31.													
32.													
33.													
34.													
35.													
36.													
37.													

Notes:

Beginning Period .... Ending Period ....

Month & Year:
Subject:
Section:

Assignments:

Week: Week:

Day ↘
Date ↘

M T W T F M T W T F

Student Names:	Notes:
1.	
2.	
3.	
4.	
5.	
6.	
7.	
8.	
9.	
10.	
11.	
12.	
13.	
14.	
15.	
16.	
17.	
18.	
19.	
20.	
21.	
22.	
23.	
24.	
25.	
26.	
27.	
28.	
29.	
30.	
31.	
32.	
33.	
34.	
35.	
36.	
37.	

Notes:

Beginning Period .... Ending Period ....

Month & Year:		Assignments:	Week:					Week:				
Subject:												
Section:												
			Day →	M	T	W	T	F	M	T	W	T	F
Student Names:	Notes:		Date →										
1.													
2.													
3.													
4.													
5.													
6.													
7.													
8.													
9.													
10.													
11.													
12.													
13.													
14.													
15.													
16.													
17.													
18.													
19.													
20.													
21.													
22.													
23.													
24.													
25.													
26.													
27.													
28.													
29.													
30.													
31.													
32.													
33.													
34.													
35.													
36.													
37.													

Notes:

Beginning Period .... Ending Period ....

Month & Year:		Assignments:	Week:					Week:				
Subject:												
Section:												
		Day → Date →	M	T	W	T	F	M	T	W	T	F
Student Names:	Notes:											
1.												
2.												
3.												
4.												
5.												
6.												
7.												
8.												
9.												
10.												
11.												
12.												
13.												
14.												
15.												
16.												
17.												
18.												
19.												
20.												
21.												
22.												
23.												
24.												
25.												
26.												
27.												
28.												
29.												
30.												
31.												
32.												
33.												
34.												
35.												
36.												
37.												

Notes:

Beginning Period .... Ending Period ....

Month & Year:		Assignments:	Week:					Week:				
Subject:												
Section:			Day →									
			Date →	M	T	W	T	F	M	T	W	T	F
Student Names:	Notes:												
1.													
2.													
3.													
4.													
5.													
6.													
7.													
8.													
9.													
10.													
11.													
12.													
13.													
14.													
15.													
16.													
17.													
18.													
19.													
20.													
21.													
22.													
23.													
24.													
25.													
26.													
27.													
28.													
29.													
30.													
31.													
32.													
33.													
34.													
35.													
36.													
37.													

Notes:

Beginning Period .... Ending Period ....

Month & Year:
Subject:
Section:

Assignments:

Week: Week:

Student Names:	Notes:	Day → Date →	M T W T F	M T W T F
1.			
2.			
3.			
4.			
5.			
6.			
7.			
8.			
9.			
10.			
11.			
12.			
13.			
14.			
15.			
16.			
17.			
18.			
19.			
20.			
21.			
22.			
23.			
24.			
25.			
26.			
27.			
28.			
29.			
30.			
31.			
32.			
33.			
34.			
35.			
36.			
37.			

Notes:

Beginning Period .... Ending Period ....

Month & Year:			Assignments:	Week:					Week:				
Subject:													
Section:													
		Day → Date →		M	T	W	T	F	M	T	W	T	F
Student Names:	Notes:												
1.													
2.													
3.													
4.													
5.													
6.													
7.													
8.													
9.													
10.													
11.													
12.													
13.													
14.													
15.													
16.													
17.													
18.													
19.													
20.													
21.													
22.													
23.													
24.													
25.													
26.													
27.													
28.													
29.													
30.													
31.													
32.													
33.													
34.													
35.													
36.													
37.													

Notes:

Beginning Period .... Ending Period ....

Month & Year:		Assignments:	Week:					Week:				
Subject:												
Section:												
Student Names:	Notes:	Day / Date	M	T	W	T	F	M	T	W	T	F
1.												
2.												
3.												
4.												
5.												
6.												
7.												
8.												
9.												
10.												
11.												
12.												
13.												
14.												
15.												
16.												
17.												
18.												
19.												
20.												
21.												
22.												
23.												
24.												
25.												
26.												
27.												
28.												
29.												
30.												
31.												
32.												
33.												
34.												
35.												
36.												
37.												

Notes:

Beginning Period .... Ending Period ....

Month & Year:		Assignments:	Week:					Week:				
Subject:												
Section:												
			Day →	M	T	W	T	F	M	T	W	T	F
Student Names:	Notes:		Date →										
1.													
2.													
3.													
4.													
5.													
6.													
7.													
8.													
9.													
10.													
11.													
12.													
13.													
14.													
15.													
16.													
17.													
18.													
19.													
20.													
21.													
22.													
23.													
24.													
25.													
26.													
27.													
28.													
29.													
30.													
31.													
32.													
33.													
34.													
35.													
36.													
37.													

Notes:

Beginning Period .... Ending Period ....

Month & Year:		Assignments:	Week:					Week:				
Subject:												
Section:												
			Day →	M	T	W	T	F	M	T	W	T	F
Student Names:	Notes:		Date →										
1.													
2.													
3.													
4.													
5.													
6.													
7.													
8.													
9.													
10.													
11.													
12.													
13.													
14.													
15.													
16.													
17.													
18.													
19.													
20.													
21.													
22.													
23.													
24.													
25.													
26.													
27.													
28.													
29.													
30.													
31.													
32.													
33.													
34.													
35.													
36.													
37.													

Notes:

Beginning Period .... Ending Period ....

Month & Year:		Assignments:	Week:					Week:				
Subject:												
Section:												
			M	T	W	T	F	M	T	W	T	F
Student Names:	Notes:	Day ↗ Date ↗										
1.												
2.												
3.												
4.												
5.												
6.												
7.												
8.												
9.												
10.												
11.												
12.												
13.												
14.												
15.												
16.												
17.												
18.												
19.												
20.												
21.												
22.												
23.												
24.												
25.												
26.												
27.												
28.												
29.												
30.												
31.												
32.												
33.												
34.												
35.												
36.												
37.												

Notes:

Beginning Period .... Ending Period ....

Month & Year:
Subject:
Section:

Assignments:

Week: Week:

Day →
Date →

Student Names:	Notes:	M	T	W	T	F	M	T	W	T	F
1.											
2.											
3.											
4.											
5.											
6.											
7.											
8.											
9.											
10.											
11.											
12.											
13.											
14.											
15.											
16.											
17.											
18.											
19.											
20.											
21.											
22.											
23.											
24.											
25.											
26.											
27.											
28.											
29.											
30.											
31.											
32.											
33.											
34.											
35.											
36.											
37.											

Notes:

Beginning Period .... Ending Period ....

Month & Year:		Assignments:	Week:					Week:				
Subject:												
Section:												
			Day →	M	T	W	T	F	M	T	W	T	F
Student Names:	Notes:		Date →										
1.													
2.													
3.													
4.													
5.													
6.													
7.													
8.													
9.													
10.													
11.													
12.													
13.													
14.													
15.													
16.													
17.													
18.													
19.													
20.													
21.													
22.													
23.													
24.													
25.													
26.													
27.													
28.													
29.													
30.													
31.													
32.													
33.													
34.													
35.													
36.													
37.													

Notes:

Beginning Period .... Ending Period ....

Month & Year:		Assignments:	Week:					Week:				
Subject:												
Section:												
			Day →	M	T	W	T	F	M	T	W	T	F
Student Names:	Notes:		Date →										
1.													
2.													
3.													
4.													
5.													
6.													
7.													
8.													
9.													
10.													
11.													
12.													
13.													
14.													
15.													
16.													
17.													
18.													
19.													
20.													
21.													
22.													
23.													
24.													
25.													
26.													
27.													
28.													
29.													
30.													
31.													
32.													
33.													
34.													
35.													
36.													
37.													

Notes:

Beginning Period .... Ending Period ....

Month & Year:		Assignments:	Week:					Week:				
Subject:												
Section:												
			Day →	M	T	W	T	F	M	T	W	T	F
Student Names:	Notes:		Date →										
1.													
2.													
3.													
4.													
5.													
6.													
7.													
8.													
9.													
10.													
11.													
12.													
13.													
14.													
15.													
16.													
17.													
18.													
19.													
20.													
21.													
22.													
23.													
24.													
25.													
26.													
27.													
28.													
29.													
30.													
31.													
32.													
33.													
34.													
35.													
36.													
37.													

Notes:

Beginning Period .... Ending Period ....

Month & Year:
Subject:
Section:

Assignments:

Week: | Week:

Day ↱
Date ↱

| M | T | W | T | F | M | T | W | T | F |

Student Names:	Notes:										
1.											
2.											
3.											
4.											
5.											
6.											
7.											
8.											
9.											
10.											
11.											
12.											
13.											
14.											
15.											
16.											
17.											
18.											
19.											
20.											
21.											
22.											
23.											
24.											
25.											
26.											
27.											
28.											
29.											
30.											
31.											
32.											
33.											
34.											
35.											
36.											
37.											

Notes:

Beginning Period .... Ending Period ....

Month & Year:
Subject:
Section:

Assignments:

Week: Week:

Student Names: | Notes: | Day → Date → | M T W T F | M T W T F

1.
2.
3.
4.
5.
6.
7.
8.
9.
10.
11.
12.
13.
14.
15.
16.
17.
18.
19.
20.
21.
22.
23.
24.
25.
26.
27.
28.
29.
30.
31.
32.
33.
34.
35.
36.
37.

Notes:

Beginning Period .... Ending Period ....

Month & Year:		Assignments:	Week:					Week:				
Subject:												
Section:												
			Day →									
Student Names:	Notes:		Date →	M	T	W	T	F	M	T	W	T	F
1.													
2.													
3.													
4.													
5.													
6.													
7.													
8.													
9.													
10.													
11.													
12.													
13.													
14.													
15.													
16.													
17.													
18.													
19.													
20.													
21.													
22.													
23.													
24.													
25.													
26.													
27.													
28.													
29.													
30.													
31.													
32.													
33.													
34.													
35.													
36.													
37.													

Notes:

Beginning Period .... Ending Period ....

Month & Year:		Assignments:	Week:	Week:
Subject:				
Section:				

Student Names:	Notes:	Day → Date →	M T W T F	M T W T F
1.				
2.				
3.				
4.				
5.				
6.				
7.				
8.				
9.				
10.				
11.				
12.				
13.				
14.				
15.				
16.				
17.				
18.				
19.				
20.				
21.				
22.				
23.				
24.				
25.				
26.				
27.				
28.				
29.				
30.				
31.				
32.				
33.				
34.				
35.				
36.				
37.				

Notes:

Beginning Period .... Ending Period ....

Month & Year:		Assignments:	Week:					Week:				
Subject:												
Section:												
		Day ↗ Date ↗	M	T	W	T	F	M	T	W	T	F
Student Names:	Notes:											
1.												
2.												
3.												
4.												
5.												
6.												
7.												
8.												
9.												
10.												
11.												
12.												
13.												
14.												
15.												
16.												
17.												
18.												
19.												
20.												
21.												
22.												
23.												
24.												
25.												
26.												
27.												
28.												
29.												
30.												
31.												
32.												
33.												
34.												
35.												
36.												
37.												

Notes:

Beginning Period .... Ending Period ....

Month & Year:		Assignments:	Week:					Week:				
Subject:												
Section:												
			Day ↗ Date ↗									
Student Names:	Notes:		M	T	W	T	F	M	T	W	T	F
1.												
2.												
3.												
4.												
5.												
6.												
7.												
8.												
9.												
10.												
11.												
12.												
13.												
14.												
15.												
16.												
17.												
18.												
19.												
20.												
21.												
22.												
23.												
24.												
25.												
26.												
27.												
28.												
29.												
30.												
31.												
32.												
33.												
34.												
35.												
36.												
37.												

Notes:

Thank you!

WE ARE GLAD THAT YOU PURCHASED OUR BOOK!
PLEASE LET US KNOW HOW WE CAN IMPROVE IT!
YOUR FEEDBACK IS ESSENTIAL TO US.

Contact us at:

 log'Sin@gmail.com

JUST TITLE THE EMAIL 'CREATIVE' AND WE WILL GIVE YOU SOME EXTRA SURPRISES!